Phrases-clés pour l'écrit

Französischer Wortschatz zur Textarbeit

Ernst Klett Sprachen GmbH
Stuttgart

1. Auflage   1 ^{6 5 4 3} | 2015 14 13 12

Konzeption: Christoph Wurm
unter Mitwirkung von Valérie Deinert, Stuttgart.

Redaktion: Sylvie Cloeren
Layoutkonzeption: Ulrike Wollenberg
Gestaltung und Satz: Doppelpunkt, Stuttgart
Umschlaggestaltung: Sandra Vrabec
Druck und Bindung: AZ Druck und Datentechnik GmbH, Heisinger Straße 16, 87437 Kempten/Allgäu
Printed in Germany

ISBN 978-3-12-519562-2

Table des matières

Lernen mit *Phrases-clés pour l'écrit*

Wer?

Dieser Lernwortschatz ist für Französischlernende mit geringen Vorkenntnissen konzipiert.
Er vermittelt die Grundlagen für die **Textanalyse** und erleichtert den Einstieg in die eigene
Textproduktion.
Dieser Lernwortschatz ist bereits für die erste Textarbeit geeignet und sowohl für das Selbststudium
als auch im Unterricht einsetzbar.

Was?

Phrases-clés pour l'écrit enthält – nach zentralen **Kompetenzen** geordnet – die wichtigsten
ca. 1500 Vokabeln, Ausdrücke und Wendungen, die beim Sprechen oder Schreiben über Texte und Filme
benötigt werden.
Es umfasst vor allem den nötigen Wortschatz für die Analyse von Texten, zur Benennung der Autoren-
intention, zur Bildbeschreibung sowie zur eigenen Textproduktion (etwa von Inhaltsangaben,
argumentativen Texten, verschiedenen Arten von Briefen).
Die Gliederung erlaubt zielgerichtetes Lernen in übersichtlichen, in sich abgeschlossenen Einheiten.
Die Aufteilung ermöglicht die Festlegung einer individuellen, lehrplanbedingten oder themenabhängigen
Reihenfolge, denn mehrfach benötigte Ausdrücke werden in jedem Kapitel wiederholt; nur innerhalb
eines Kapitels werden sie in der Regel nach dem ersten Auftauchen als bekannt vorausgesetzt.

Wie?

Jede Seite ist zweigeteilt:
In der linken, breiteren Spalte werden **die zu lernenden Vokabeln und Redewendungen** im
Satzzusammenhang präsentiert, der französische Lernwortschatz ist dabei fett gedruckt.
Rechts finden sich **die deutschen Übersetzungen** dieser Vokabeln.
Am Ende des Buchs ermöglicht **ein Register mit allen französischen und deutschen Stichwörtern**
das rasche Auffinden von Vokabeln. Sie bieten zusätzliche grammatikalische Informationen, die aus dem
Satzzusammenhang des Textteils nicht immer hervorgehen, zum Beispiel das Genus der Substantive
durch die Beigabe des Artikels oder die femininen Formen der Adjektive.

1 | Raconter quelque chose

1.1 Introduction : situer un récit dans le temps

Un jour, Hier, Avant-hier, Récemment, Le 5 mai, Il y a peu de temps, Depuis peu,	j'ai eu un problème.	eines Tages gestern vorgestern neulich am 5. Mai vor kurzem vor kurzem
Hier matin, Hier après-midi, Hier soir, La nuit dernière, Avant-hier soir,	j'ai parlé avec Pierre.	gestern Morgen gestern Nachmittag gestern Abend gestern Nacht vorgestern Abend/Nacht

Début À la mi- Mi- Fin	avril,	j'ai rendu visite à mon ami Rémi à Brest.	Anfang Mitte Mitte Ende
En 1996,			im Jahr

À cette époque-là, À cette époque, À l'époque,	Daniel vivait aussi à Boulogne.	zur damaligen Zeit damals damals

Je me lève	parfois de temps en temps souvent fréquemment généralement normalement jour après jour tous les lundis	à six heures et demie.	manchmal ab und zu oft, häufig oft, häufig normalerweise normalerweise tagaus, tagein montags

Tous les jours, Chaque année, Chaque semaine,	je vais à Marseille.	jeden Tag jedes Jahr jede Woche

Je prends	habituellement d'habitude	mon café à huit heures.	ich pflege zu …, ich … gewöhnlich ich pflege zu …, ich … gewöhnlich

1.2 Structurer un récit

D´abord,	j´ai pris le métro à la station Montparnasse. Je suis allé(e) au café de Paris.		zuerst
Ensuite, **Après,** **Plus tard,**	je suis descendu(e) aux Halles. j´ai changé aux Champs-Élysées.		dann, danach dann, danach danach, später
Avant de partir, **Après** être sorti(e),	j´ai prévenu Anne.		vor *(zeitlich)* nach *(zeitlich)*
Daniel m´a appelé(e)	**avant que*** je previenne **après** avoir prévenu	Anne.	bevor nachdem
Dès que **Quand**	je serai arrivé(e), je le lui dirai, j´ai pensé.		sobald wenn
Cinq minutes Quelques jours	**avant,** **après,** **plus tard,**	j´ai rencontré Daniel à nouveau.	zuvor später später
Quelque temps après être parti(e), **Tout à coup,**	j´ai vu Daniel.		kurz nachdem plötzlich
Je me suis dirigé(e) **tout de suite** vers lui.			sofort
Petit à petit, **Au même moment,**	je me suis calmé(e). il s´est lui aussi calmé.		nach und nach zur selben Zeit
Pendant que je parlais, Daniel regardait dans toutes les directions. **Tant que** tu ne te calmes pas, nous ne pourrons rien envisager.			während solange
Pendant ce temps, **Entre-temps,** **Pendant ce temps-là,**	Anne est partie.		währenddessen inzwischen unterdessen
Nous avons parlé dans le café	**jusqu´à** une heure **jusqu´à ce qu***´ils ferment.		bis bis (dass)
Nous reparlerons de l´affaire **jusqu´à ce que*** nous trouvions une solution.			bis (dass)

Für die mit * gekennzeichneten Ausdrücke wird der *subjonctif* verwendet.

1.3 La fin, la conclusion

Finalement,		schließlich
À la fin,	nous avons résolu les difficultés.	schließlich
Enfin,		endlich

À la fin de la nuit, nous nous sommes mis(es) d'accord.   am Ende

J'ai fini par refuser le projet.   ich habe schließlich

2 | Exprimer des opinions

2.1 Demander son opinion à quelqu'un

Quelle **opinion avez**-vous			meinen
Quelle est votre	**opinion**	sur	Meinung
	avis	ce problème ? cette affaire ?	Meinung
Que **pensez**-vous de			denken
Comment vois-tu la chose à propos de			wie siehst du die Sache

Cela m'intéresse de savoir **ce que vous pensez**.　　　was Sie denken

Que diriez-vous de lire un livre ?　　　was halten Sie von

Partagez-vous cette opinion ?　　　teilen

Êtes-vous d'accord avec Jérôme ?　　　sind Sie einverstanden mit

Êtes-vous	**de la même opinion que**	l'auteur ?	sind Sie derselben Meinung wie
	du même avis que		sind Sie derselben Meinung wie

Justifiez votre réponse.　　　begründen Sie

Justifiez votre opinion	**en donnant**	des exemples.	indem Sie geben
	en utilisant		indem Sie benutzen

Y-a-t-il d'autres **alternatives** ?　　　Alternativen

Quelles sont les autres **possibilités** ?　　　Möglichkeiten

L'idée vous paraît-elle réaliste **ou plutôt** utopique ?　　　oder eher

Comment ce problème	peut être	**résolu** ?	gelöst
	pourrait-il être	**solutionné** ?	gelöst

Quelle **solution** pourrait-on trouver à ce problème ?　　　Lösung

Phrases-clés pour l'écrit

Französischer Wortschatz zur Textarbeit

2.2 Donner son avis

Il me semble que **Je pense que**	la situation est difficile.	mir scheint ich meine

Je ne crois pas que* **Je ne pense pas que***	la situation soit facile.	ich glaube nicht ich denke nicht

> * Nach Verben und Ausdrücken des *Denkens* und *Meinens* steht der *subjonctif*, wenn diese verneint gebraucht werden. In bejahten Sätzen dagegen steht der Indikativ.

Je pense que c'est	**bien** **mal**	que* l'auteur prenne compte de…	gut schlecht

> * Nach Verben und Ausdrücken der *Wertung* und *Gefühle* steht der *subjonctif*.

Je suis d'avis que l'auteur parle de lui-même.	ich bin der Meinung, dass

À mon avis, **Je suis d'avis que**	les arguments sont intéressants.	meiner Meinung nach ich bin der Meinung, dass, ich stehe auf dem Standpunkt, dass

Pour moi, **Je suppose que**	l'auteur ne connait pas bien le problème.	für mich ich vermute

Je suis sûr(e) qu'il y a une solution.	ich bin sicher

C'est vraiment important. **Il ne faut pas** l'oublier.	es ist wirklich man darf nicht

À vrai dire, **Pour parler ouvertement,** **Pour être franc(he),** **Pour parler honnêtement,** **Pour être honnête,**	je ne pense pas que cela soit aussi important.	offen gesagt, eigentlich offen gesagt offen gesagt ehrlich gesagt ehrlich gesagt

Pour résoudre le problème, **il faudrait** faire plus de recherches.	müsste man

Je ne	**vois** **trouve**	pas d'autre	**solution** **moyen** **alternative**		sehe; Lösung finde; Mittel Wahl
			que d'**adopter** que de **prendre**	**des mesures.**	Maßnahmen ergreifen ergreifen
			que de **réaliser** ces projets.		verwirklichen

Il est	**nécessaire** **urgent**	de trouver	de nouvelles idées. des alternatives.	nötig dringend

Il faut absolument que*	nous rencontrions	des interlocuteurs compétents.	es ist unbedingt erforderlich
Il est indispensable que*		des responsables.	es ist unumgänglich
	nous trouvions une **possibilité pour résoudre le problème**.		Lösungsmöglichkeit

* Nach Verben und Ausdrücken der *Forderung* und *Notwendigkeit* steht der *subjonctif*.

| Il est | **nécessaire** | d'avoir une grande diversité d'opinions. | nötig |
| | **important** | | wichtig |

| **Le mieux** | est | d'organiser plus d'entrevues. | das Beste |
| | serait | | |

Il n'y a pas de doute là-dessus :			darüber gibt es keinen Zweifel
En effet,		le problème n'a pas de solution.	nämlich
En vérité,			in Wirklichkeit
Certes,			klar (ist, dass)

Ce qui	**compte,**	c'est de respecter	la liberté d'opinion.	worauf es ankommt
	importe,	c'est le respect de		worauf es ankommt
La seule chose qui compte,				das Einzige, worauf es ankommt

2.3 Échanger des opinions

| **Pour justifer ta thèse,** tu as | défendu | | um deine These zu begründen |
| | **énoncé** | deux **arguments**. | angeführt; Argumente |

| **Tu** (n') **as** (pas) **raison**. | du hast Recht |
| **Tu** (n') **as** (pas) **tort**. | du hast Unrecht |

Je (ne) **suis** (pas)	de l'avis de l'auteur.		ich bin einer Meinung mit; Autor
	d'accord avec		ich bin einverstanden mit
	du même avis que		ich bin derselben Meinung
J'ai (Je n'ai pas) **la même opinion que**		l'auteur / vous.	ich bin derselben Meinung
Je suis d'une autre opinion que			ich bin anderer Meinung

Ce sont	**les raisons pour lesquelles** la thèse me paraît convainquante.	die Gründe, weshalb
	des raisons	qui me paraissent peu **convainquantes**.	überzeugend
		qui **me convainquent**.	überzeugt mich

| Je (ne) **partage** (pas) cette opinion. | teile |

| J' (Je n') **accepte** (pas) ses raisons. | akzeptiere |

| **Je ne** | **perçois** | pas **les choses** comme toi. | sehe die Dinge |
| | **vois** | | sehe |

| Je dois | **mentionner** | un autre aspect. | erwähnen |
| Il faut | **prendre en compte** | | berücksichtigen |

2.4 Le pour et le contre

Expressions courtes pour un dialogue

Le pour		*Le contre*	
C'est juste.	Genau.	**Non, ce n'est pas vrai.**	Das ist nicht wahr.
C'est exact.	Richtig.	**Non, ce n'est pas juste.**	Das stimmt nicht.
C'est vrai.	Das stimmt.	**C'est complètement faux.**	Das stimmt überhaupt nicht.
Oui, bien sûr.	Ja, natürlich.	**Surtout pas.**	Auf keinen Fall.
Cela va de soi.	Selbstverständlich.	**En aucun cas.**	Auf gar keinen Fall.
C'est évident.	Selbstverständlich.		
Bien entendu.	Selbsverständlich.		
Bien, mais…	Ja, aber …		

Expressions orales et écrites

Le pour			*Le contre*	
Tu as raison.		Du hast Recht.	**Tu as tort.**	Du hast Unrecht.
Je suis du même avis	**que toi.**	bin deiner Meinung	**Je ne suis pas du même avis que vous.**	ich bin nicht Ihrer Meinung
	qu'elle.	ihrer Meinung		
Moi aussi, je **pense comme cela.**		denke genauso	Je **ne pense pas comme cela.**	denke nicht so
Je **pense la même chose.**		denke genauso	**Ce n'est pas ce que je pense.**	meine dies nicht
Il est vrai que + *ind* *		es ist wahr	**Il n'est pas vrai que** + *subj* *	es ist nicht wahr
Il est sûr que + *ind* *		es ist sicher	**Il n'est pas sûr que** + *subj* *	es ist nicht sicher

---

* Zum Modus bei Verben und Ausdrücken des *Denkens* und *Meinens*, s. Seite 13

À la différence de ce que dit l'auteur, je pense plutôt que…		im Unterschied zu
…	**cela ne concerne pas le sujet.**	gehört nicht zur Sache
	cela n'a rien à voir.	hat (gar) nichts damit zu tun

Cet **argument** n'est pas	**convainquant.**	Argument, überzeugend
	concluant.	stichhaltig

C'est	**imprécis.**	ungenau
	inexact.	ungenau

L'argumentation		Argumentation
L'argument	**ne me convainc pas (du tout).**	überzeugt mich (gar) nicht

Je ne partage	**pas complètement**	ces idées.	ich teile … nicht ganz
	absolument pas		überhaupt nicht

2.5 Exprimer une indécision ou une indifférence

Je n'ai	**aucune opinion sur**	**ce sujet.**	keine Meinung; diesbezüglich
	pas grand-chose à dire à		nicht viel zu sagen

Je ne **me** suis pas vraiment **fait une opinion claire.**	keine deutliche Meinung gebildet

Cela	**m'est égal.**	ist egal
	ne me **concerne** pas.	betrifft
	me **laisse** complètement **indifférent(e).**	lässt unberührt

Je **ne comprends rien** à cette affaire.	verstehe nichts

2.6 La conclusion d'un débat

Sur ce sujet, on peut avoir **différentes opinions**.	unterschiedliche Meinungen
Il me semble que nous (ne) **sommes** (pas) **arrivés à un accord**.	haben eine Übereinstimmung erzielt

J'ai | **fini par être convaincu**(e) | | que vous avez raison. | zu der Überzeugung gelangt
Je suis | **arrivé(e) à en conclure** | | | zu der Schlussfolgerung gekommen

J' (Je n') **ai** (pas) **changé d'avis**.	habe meine Meinung geändert

Je **continue** | **à croire** | que ces idées sont absurdes. | meine weiterhin
| **à penser** | | denke weiterhin

Nous allons **changer de sujet**.	das Thema wechseln
Terminons ce débat.	beenden wir
Restons-en là.	lassen wir es dabei

3 | Définitions

Que **signifie** *commencer* ?			bedeutet
Le mot *commencer*	est un **synonyme** de **signifie la même chose que** a la **même signification** que est un **antonyme** de *terminer*.	*débuter*.	Synonym ist gleichbedeutend mit gleiche Bedeutung Antonym
Le mot *lion* **désigne** un animal.			bezeichnet
Le mot… Le terme…	**peut être défini** de la façon suivante : **se réfère à**… a d'autres **sens dérivés.** **significations.**		kann man definieren bezieht sich auf (Teil-)Bedeutungen (Teil-)Bedeutungen
La signification de	ce mot ce **terme**	**dépend du contexte.**	hängt vom Kontext ab Begriff
Ce **néologisme** n'est pas encore dans le dictionnaire.			Neologismus, neues Wort
Le mot *récré* est l'**abréviation** de *récréation*.			Kurzform
Le mot *fillette* est le **dimunitif** du mot *fille*.			Verkleinerungsform

4 | Citations

Ici		on trouve…	steht
À la ligne 12,			in Zeile
À la dernière	ligne,		letzten
À l'avant-dernière			vorletzten

Dans le premier	chapitre,		Kapitel
Dans le second	paragraphe,	…	Absatz
Au troisième	vers,		Vers
Dans la seconde colonne,			Spalte

Aux pages 8 à 12,			auf den Seiten
	l'auteur		Autor
	l'auteure		Autorin

parle de		spricht von
se réfère à		bezieht sich auf
mentionne		erwähnt
fait mention de	la situation actuelle.	erwähnt
fait allusion à		spielt an auf
aborde le sujet de		schneidet das Thema an
qualifie la situation actuelle de dangereuse.		bezeichnet als
se demande si la situation est dangereuse.		fragt sich ob

L'auteur se réfère à	cet aspect	aux lignes 5 à 9.	Gesichtspunkt
	ce cas particulier		Gesichtspunkt

Il y a une citation	révélatrice		aufschlussreiches Zitat
	décisive	dans ce paragraphe.	entscheidend
	importante		wichtig

Je me réfère aux pages 8 à 12	déjà citées.		ich beziehe mich auf
	mentionnées	plus haut.	oben genannt
		plus bas.	unten genannt

Selon	l'auteur,		zufolge
D'après	l'auteure,		zufolge
	il s'agit d'un fait important.		handelt es sich um

Le sens des vers 8 à 12 est :	Sinn

L'auteur mentionne ce problème	à la fin de	son article.	am Ende von
	au début de		am Anfang von

| Voir | les lignes 31 et 32.
les autres articles de l'auteur.
de la ligne 15 à la ligne 20.
le dernier livre de l'auteur. | siehe |

5 | Parler de faits chronologiques et d'événements historiques

5.1 Le déroulement historique et sa durée

Il faut **reconstruire tout le contexte**		den Gesamtzusammenhang rekonsturieren
	d'une **époque**.	Epoche
	d'un **siècle**.	Jahrhundert
	de la première **décennie** du siècle.	Jahrzehnt

Nous parlons d'une époque qui **est caractérisée par** trois aspects. — ist gekennzeichnet durch

	un **changement**	s'est produit.	Wandel; vollzog sich
À cette époque,		s'est effectué.	vollzog sich
Au cours de ce siècle,	un **conflit**	a surgi.	Konflikt; tauchte auf
		s'est développé.	entwickelte sich

Il s'agissait d'une **évolution**	rapide.	Entwicklung
	progressive.	allmählich
	lente.	langsam

La société française **a**	beaucoup	**changé**.	änderte sich
	profondément		grundlegend

Le pays **a subit**	une crise.	durchlief, machte durch
	une **époque de transition**.	Übergangszeit

Le processus de changement **peut être divisé** en plusieurs		lässt sich einteilen
	étapes.	Etappen
	phases.	Phasen

Le premier Empire **dura de… à…** — dauerte von… bis…

Au début,	anfangs
Ensuite,	dann, danach
Après,	dann, danach
Pour finir,	schließlich
Finalement,	am Ende
À la fin,	am Ende
De… à….	von … bis …
Petit à petit,	allmählich

	tout ce temps,	lange Zeit
Pendant	**des décennies,**	jahrzehntelang
	des siècles,	jahrhundertelang

En 1914,	cette zone était la **scène** de combats.	Schauplatz

Il y a peu de temps, l'exclavage existait encore.	(bis) vor kurzem
Depuis…, l'exclavage n'existe plus.	seit

5.2 Les événements historiques

La découverte de l'Amérique **a eu lieu** en 1492.			fand statt
La Première Guerre mondiale	**a commencé** **a fini**	en…	begann ging zu Ende
La Seconde Guerre mondiale est	un **fait réel** un **événement** un **fait**	**historique**.	Tatsache Ereignis Ereignis; historisch
Nous parlons de la rencontre **historique** entre Adenauer et de Gaulle.			geschichtlich bedeutsam
1945 fut une **date décisive** pour l'Europe en guerre.			entscheidendes Datum
L'**épisode** de l'après-guerre commença alors pour les deux pays.			Episode
Le roi…	**est né** **mourut**	en…	wurde geboren starb

5.3 Les causes et les conséquences des événements historiques

Les **causes** Les **raisons**	de ce changement étaient diverses.		Gründe, Ursachen Gründe, Ursachen
Différentes causes **étaient à l'origine de** ce changement.			ging zurück auf
Le régime politique est tombé	**à cause des** **à la suite de**	problèmes internes.	aufgrund von, wegen infolge von
Le **motif** La **raison** Le **résultat**	était l'appauvrissement de la population.		Anlass, Grund Anlass, Grund Ergebnis
Cet événement	**a provoqué** **a causé** **a donné lieu à** **a eu comme conséquence**	une crise. l'émigration.	rief hervor verursachte führte zu hatte zur Folge

L'augmentation du chômage fut une **conséquence** de la crise économique.   Folge

L'attentat | fut le premier d' | une **série**.   Serie
 | | une **suite**.   Reihe
 | mit le pays dans une **situation limite**.   Grenzsituation

5.4 Le passé et le présent

L'histoire nous apprend à | **relativiser**.   relativieren
 | **comparer le présent avec le passé**.   die Gegenwart mit der Vergangenheit vergleichen

La colonisation | **est à l'origine** de ce problème.   ist der Ursprung von
Ce conflit

Les coutûmes **ont été transmises de génération en génération**.   wurden von Generation zu Generation überliefert

Nous pouvons encore trouver | des **vestiges** | du passé.   Spuren
 | des **restes** | Spuren, Resten

La violence **continue de** sévir dans les grandes villes.   ist weiterhin

Cette situation | (ne) s'est (pas) | **améliorée**.   verbessert
 | | **détériorée**.   verschlechtert
 | (n') a (pas) **empiré**.   verschlimmert

Les relations entre ces pays ont **toujours** été | bonnes.   immer
 | très **ambivalentes**.   ambivalent

À l'heure actuelle, | le pays (n') est (pas) isolé.   in der jetzigen Zeit
De nos jours, | le problème | n'existe pas.   heutzutage
 | le conflit | **existe** toujours.   besteht, existiert

Le **bilan** de ce processus | Bilan
 | est **clairement**   eindeutig
 | | positif.   positiv
 | | négatif.   negativ

6 | Analyser des problèmes

6.1 Les aspects et les causes

Les pays sous-développés **sont confrontés** au problème de la dépendance.			stehen vor

Leur tâche	**consiste à** résoudre ce problème.		besteht in
	prend des **dimensions** variées.		Dimensionen
	présente plusieurs	**côtés.**	Seiten
		facettes.	Facetten

Ce problème **a plusieurs origines**.	geht auf mehrere Ursachen zurück

La **raison pour laquelle** le conflit s'est développé est claire.	Grund, weshalb

Les prix ont augmenté	**à cause de**	l'inflation.	wegen, aufgrund von
	en raison de		wegen

L'entreprise a fait faillite **plutôt par** négligence **que par** manque de clients.	eher wegen … als wegen …

L'abstention aux élections **provient du** désenchantement pour les hommes politiques **plutôt que du** désintérêt politique de la société.	entsteht eher durch… als durch…

Comme il y a peu de travail, beaucoup de gens émigrent.	da *(vorangestellte Begründung)*

Beaucoup de gens émigrent **parce qu'**il y a peu de travail.	weil *(nachgestellte Begründung)*

C'est la raison pour laquelle	beaucoup de gens ont émigré.	daher, deshalb
C'est pourquoi		daher, deshalb

Il faut	**tenir compte de**	trois aspects.	berücksichtigen
	considérer		betrachten

Trois **facteurs**		Faktoren
Deux aspects	sont **décisifs.**	entscheidend
	sont **déterminants.**	entscheidend

Il existe une relation de **causalité** entre ces faits divers.	ursächlicher Zusammenhang

En	**premier**	lieu,	le niveau des salaires est très bas.	erstens
	second		l'indice de l'analphabétisme est périmé.	zweitens
	troisième		il manque des logements.	drittens
En plus,				außerdem
(Mis) À part cela,				abgesehen davon
Il en résulte que le niveau de vie est bas.				daraus folgt, dass

Pour finir,		schließlich
Cela veut dire que	la situation économique du pays est désastreuse.	das heißt
Cela signifie que		das heißt

Pour résumer la situation,		zusammenfassend gesagt
En somme,	le pays est en crise.	zusammenfassend gesagt
En résumé,		zusammenfassend gesagt
On pourrait résumer la situation **de la manière suivante :**		man könnte folgendermaßen zusammenfassen

6.2 L'évaluation des points de vue

D´un côté,	la situation est bonne,		einerseits
D´une part,			einerseits
		d'un autre côté,	andererseits
		d'autre part, elle est mauvaise.	andererseits

Certes, il y a beaucoup de touristes,	zwar
mais c'est grâce au tourisme que beaucoup d'emplois ont été créés.	aber

Très peu de personnes critiquent	**quand même** le gouvernement.	trotzdem
	tout de même	trotzdem

Et pourtant,		und dennoch
Malgré tout,	la majorité reste optimiste.	dennoch
En dépit des difficultés,		trotz

Bien que* tout le monde soit mécontent, personne ne proteste.	obwohl

Für die mit * gekennzeichneten Ausdrücke wird der *subjonctif* verwendet.

Même si c'est une règle très ancienne, il faut l'appliquer.	auch wenn, selbst wenn

6.3 Les conséquences

Cette situation aura des **conséquences fâcheuses**.	unangenehme Konsequenzen, Folgen

Il en résulte maintenant un excès d'offres dans l'hôtelerie.	stellt sich heraus

En conséquence,		infolgedessen, demnach
Par conséquent,		infolgedessen, folglich, somit
C´est pourquoi	beaucoup émigrent.	darum, deshalb
Par contrecoup,		als Folge davon
Suite à la crise,		als Folge von

J´en arrive à la conclusion qu´il n´y a pas d'alternative.	ich komme zu der Schluss-folgerung, dass

6.4. Réussir un exposé ou une présentation orale

Le sujet de	notre **exposé** notre **présentation**	est la marée noire.	Referat Präsentation

Dans notre exposé, il **sera question de**... Referat
handelt sich um

Dans notre exposé, il **sera question de**...	handelt sich um
Notre exposé **traite de** la pollution.	dreht sich um

Mon exposé	**se divise en** **se compose de**	quatre parties.	gliedert sich in besteht aus
D´abord, je vais vous	**exposer** **expliquer**	l'origine du problème.	darstellen erklären

Ensuite, je parlerai des conséquences.	im Folgenden
Je vais donner un **exemple concret** pour **justifier** mes remarques.	konkretes Beispiel; begründen
Je vous montre des photos pour **illustrer** le problème.	veranschaulichen

Ce **transparent** montre		Folie
	des **statistiques**.	Statistiken
	un **diagramme**.	Diagramm
	un **schéma**.	Schema
	les **points principaux**.	Hauptpunkte

Il y a	trois	**conclusions** **déductions**	possibles.	Schlussfolgerungen Schlussfolgerungen
	une seule **alternative à** cette crise.		Alternative zu
	des **obstacles** pour arriver à cette solution.		Hindernisse

En conclusion, je voudrais dire que c'est un sujet fascinant.	zum Abschluss möchte ich sagen
Je voudrais **conclure** mon exposé par une **citation**.	beenden; Zitat
En résumé, on peut dire que l'auteur a bien expliqué le problème.	zusammenfassend

7 | Parler de journaux et de revues

7.1 La presse

En France comme dans d'autres pays, il existe la **presse**		Presse
	locale.	lokal
	régionale.	regional
	nationale.	überregional

	spécialisée.	Fachpresse
On parle de la **presse**	**du cœur**.	Regenbogenpresse
	à sensation.	Sensationspresse

L'AFP, l'Agence France-Presse, est une **agence de presse** française.	Nachrichtenagentur

La presse est un **support médiatique**.	Massenmedium

Les journaux sont	des **sources d'informations**.	Informationsquellen
	imprimés la nuit.	werden gedruckt

Beaucoup de lecteurs	achètent leurs **journaux** dans un kiosque.	Zeitungen
	s'abonnent à un journal.	abonnieren

Cette revue a un **tirage** élevé.	Auflage

	l'**éditeur**		Verleger
	l'**éditrice**		Verlegerin
	le **journaliste**		Journalist, Publizist
	la **journaliste**		Journalistin, Publizistin
C'est	le **rédacteur** (**en chef**)	de cette revue.	(Chef)Redakteur
	la **rédactrice** (**en chef**)		(Chef)Redakteurin
	le **reporter**		Reporter
	la **reporter**		Reporterin
	le **correspondant**		Korrespondent
	la **correspondante**		Korrespondentin

7.2 Les publications de journaux

La dernière **édition** du *Monde*		Ausgabe
	est épuisée.	ist vergriffen, ausverkauft

Beaucoup de revues	**paraissent**	**périodiquement**.	erscheinen regelmäßig
	sortent		erscheinen

Paris match paraît **tous les quinze jours**.	vierzehntägig

Cet article	**a été publié** **est paru**			ist erschienen
		dans	un **quotidien**.	ist erschienen; Tageszeitung
			un **journal**.	Zeitung
			un **mensuel**.	Wochenzeitung
			un **supplément**.	Beilage
			un **magazine**.	Zeitschrift

7.3 Lire des journaux

Il est possible de	**feuilleter** un journal.		durchblättern
	survoler	les titres.	überfliegen
	parcourir		überfliegen
Nous pouvons	**nous plonger dans**	un commentaire.	uns vertiefen in
	étudier plus à fond	une notice.	eindringen
	réfléchir sur	un article.	nachdenken über
	faire l'analyse d'		analysieren

7.4 La classification de textes

	une **partie** d'		Teil
	un **extrait** d'	une **annonce**.	Auszug; Anzeige
		un **faire-part** (**de décès**).	(Todes)Anzeige
Il s'agit d'		un **éditorial**.	Leitartikel
		un **article**	Artikel
		un **commentaire**	sur la Picardie.	Kommentar
		un **reportage**		Reportage
		une **critique** de livre.	Rezension
	un extrait du **courrier des lecteurs**.		Leserbrief
Aujourd'hui,	tous les journaux parlent de cette **nouvelle**.		Nachricht
	cette nouvelle **fait la une des journaux**.		für Schlagzeilen sorgen, Schlagzeilen machen
Ce journaliste	fait une **chronique** journalière dans le *Monde*.		Kolumne
	écrit des **critiques** de films.		Kritik
	fait la critique du nouveau livre de cet écrivain.		rezenziert

7.5 Analyser un article

Le titre **attire l'attention** du lecteur.	erregt die Aufmerksamkeit

L'auteur **a intitulé** l'article d'une manière | **provocante**.
— betitelt
— provokativ

En adressant la parole au lecteur,

En utilisant le pronom personnel | tu, vous, | l'auteur **tente** d'éveiller la curiosité.
— indem er/sie… richtet
— indem er/sie…verwendet
— versucht

Le **sujet** de cet article est…
— Thema

Après une | **introduction détaillée, courte introduction,** | l'auteur | **traite** le **s'occupe du** | problème de…
— ausführliche Einführung
— kurze Einführung
— behandelt
— befasst sich mit

L'auteur | **aborde esquisse** | le sujet du chômage.
— schneidet an
— skizziert

L'auteur | parle | du **contexte historique** des **racines historiques** | d'un événement. d'un problème.
— historischer Hintergrund
— historische Wurzeln

expose objectivement | l'**origine** de cette situation. les **motifs** du crime.
— objektiv darstellen
— Ursprung, Ursache
— Motive, Beweggründe

L'auteur | **se sert de utilise** des | **méthodes** variées pour | **illustrer souligner** | la situation.

a une **vue réaliste** de
— verwendet
— benutzt, Methoden
— veranschaulichen
— unterstreichen
— wirklichkeitsgetreues Bild

Le journaliste | fait une **description détaillée** de la situation. nomme tous les **détails**. fait une **énumération** de cas concrets. raconte quelque chose **de long en large**. **cite** des spécialités variées. **cite** des politiciens.
— detaillierte Beschreibung
— Einzelheiten
— Aufzählung
— lang und breit
— zitiert
— führt Zitate an

L'auteur se réfère à | un **cas concret**. un **exemple**.
— konkreten Fall
— Beispiel

L'article **comprend**				enthält
Dans cet article,	on peut trouver il y a	des **citations de**		Zitate
			témoins oculaires.	Augenzeugen

L'auteur	se réfère à cite	**différentes sources.** des **documents**	**crédibles.** **probants.** **officiels.**	unterschiedliche Quellen Dokumente, glaubwürdig beweiskräftig offiziell
	a interviewé le juge		**compétent.**	hat interviewt zuständig

La théorie du journaliste **s'appuie sur**			ist gestützt auf
	des **données statistiques.**		statistische Daten
	des **statistiques.**		Statistiken
	les **résultats**		Ergebnisse
		d'une **enquête.**	Untersuchung
		d'un **sondage.**	Umfrage

Son **argumentation**	se base sur trois points.	Beweisführung
	manque de preuves.	fehlt es an

	évalue		schätzt ein
	décrit	les **conséquences possibles.**	beschreibt; mögliche Folgen
Le chroniqueur	**explique**	la **situation actuelle.**	erklärt; aktuelle Situation
Le critique	ne traite pas uniquement		
Le journaliste L'auteur	**fait une critique sévère de** la situation actuelle.		kritisiert scharf
	pronostique que la situation va changer.		sagt vorher
	résume ce qui vient d'être dit.		fasst zusammen

L'auteur	**expose**	son opinion sur cette affaire.	legt dar
	exprime		äußert

	la tendance **se dessine.**	wird deutlich
Dans l'article,	le journaliste **met les points sur les i.**	wird deutlich
	le scandale **éclate au grand jour.**	kommt an den Tag

7.6 Les réactions après la lecture d'un article

	a reçu		fand
	a rencontré		stieß auf
L'article		un **écho** positif.	Resonanz
Le commentaire	**a suscité** beaucoup d'intérêt.		rief hervor, erregte
L'éditorial	**a provoqué**	des commentaires.	provozierte
		une **vague de prostestations.**	Protestwelle

8 | Commenter des textes narratifs et dramatiques

8.1 La classification

	une **fable**.	Fabel
	une **légende**.	Legende, Sage
	un **roman**.	Roman
	une **nouvelle**.	Novelle
L'œuvre dont nous parlons est	un **récit**.	Erzählung
	un **conte**.	Märchen
	une **comédie**.	Komödie
	un **drame**.	Drama
	une **pièce de théâtre**.	Theaterstück
	une **tragicomédie**.	Tragikomödie

	un **extrait** d'un conte de…	Auszug
Ici, il s'agit d'	un **acte** d'un drame de…	Akt
	une **scène** d'une pièce de théâtre de…	Szene

La **morale** est l'enseignement qui se trouve à la fin d'une fable
ou d'un conte. — Moral

8.2 L'espace et le temps

L'**action se passe**	en France.	Handlung; spielt
	dans deux **espaces principaux** et…	Hauptschauplätze
	… dans deux **espaces secondaires**.	Nebenschauplätze

La scène **se déroule**		spielt sich ab
Le roman **se situe**		findet statt
	en 1950.	im Jahr
	dans une époque **indéterminée**.	unbestimmt

Il s'agit d'une **dramatisation d'un fait réel**. — Bühnenbearbeitung einer wahren Begebenheit

L'auteur	**respecte**		beachtet
	ne **respecte pas**	l'**unité** de lieu.	Einheit des Ortes
		de temps.	(Einheit) der Zeit
		d'action.	(Einheit) der Handlung

Le **milieu**		Umfeld
	social	sozial
	politique	politisch
	se caractérise par…	ist gekennzeichnet durch

8.3 Les personnages

Les	**personnages** **personnages principaux**	du roman sont :	Personen, Figuren Hauptpersonen

C'est	un **personnage secondaire** le **personnage central** le **protagoniste**. le **héros**.	dans cette comédie. du roman.	Nebenfigur zentrale Figur Protagonist Held

Jeanne est	la **protagoniste**. l'**héroïne**. le **personnage central**.	Protagonistin Heldin Hauptfigur

Jean **joue le rôle principal**.	hat die Hauptrolle

Jeanne **joue**			spielt
	un **rôle**		Rolle
		décisif.	entscheidend
		important.	wichtig

Il faut toujours analyser	le **physique** le **rang social** la **psychologie**	des personnages.	Äußere soziale Stellung Psychologie

Le **comportement** L'**attitude**	de Pierre	révèle ses sentiments. se caractérise par…	Benehmen Haltung, Verhalten

Il existe une **relation**			Beziehung
	harmonieuse **pleine de conflits**	entre les deux personnages.	harmonisch konfliktreich

Pierre et Jean	**s'influencent réciproquement**.		beeinflussen sich gegenseitig
	incarnent	les comportements suivants :	verkörpern
		des attitudes	**hostiles**.	einander ausschließend
			contraires.	gegensätzlich

Le lecteur La lectrice	**devine** **présume** **suppose**		errät vermutet
		l'**intention**	ahnen; Absicht
		les **motifs**	des personnages.	Motive, Gründe

8.4 Le caractère des personnages

	sérieux.	ernst
	réfléchi.	nachdenklich
	introverti.	introvertiert
	pensif.	nachdenklich
Le héros de cette histoire est un homme	**discret**.	diskret
	réservé.	zurückhaltend
	ambitieux.	ehrgeizig
	ennuyeux.	träge
	mou.	träge
	un peu paresseux.	etwas faul

	calme.	handelt; Ruhe
Il **agit** toujours avec	**prudence**.	Vorsicht
	bon sens.	Klugheit

	politesse.	Höflichkeit
Il traite les autres avec	**gentillesse**.	Freundlichkeit
	amabilité.	Liebenswürdigkeit
	sincérité.	Ehrlichkeit

Mais il ne donne aucun **signe**		Zeichen
	de **cordialité**.	Herzlichkeit
	d'**affection**.	Zärtlichkeit

C'est pourquoi il ne peut pas **se lier** beaucoup d'**amitiés**. Freundschaft schließen

	affligé	bedrückt
Il se sent souvent	**soucieux**	bekümmert
	préoccupé	bekümmert
	malheureux	unglücklich
	et a **pitié** de lui-même.	Mitleid haben mit

	douce.	sanft
	gentille.	nett
	agréable.	angenehm
	honnête.	ehrlich
	sincère.	aufrichtig
Il rencontre Eugénie, une jeune fille	**appliquée**.	fleißig
	studieuse.	fleißig
	soigneuse.	sorgfältig
	modeste.	bescheiden
	heureuse de vivre.	lebenslustig, -froh
	vive.	lebhaft
	impulsive.	impulsiv

Eugénie	**se réjouit de**	freut sich an, genießt
	se contente de choses toutes **simples**.	sich zufriedengeben mit; einfach

Elle **se réjouit** **Tout lui plaît** **Tout l'enchante**	quand tout le monde va bien.		freut sich alles gefällt ihr sie freut sich über alles

Ses amis	**ont confiance en elle**. **lui font confiance**.	vertrauen ihr haben Vertrauen in sie

Auguste veut	**changer de vie**. abandonner sa vie **raisonnable**. **se transformer en** un être		sein Leben (ver)ändern vernünftig werden zu;
		énergique. **dynamique**. **courageux**. **hardi**. **audacieux**.	energisch tatkräftig mutig kühn wagemutig

Il rêve de	**risquer** sa vie pour Eugénie. l'**impressionner** avec ses		riskieren, aufs Spiel setzen beeindrucken;
		cadeaux **généreux**. actes **héroïques**.	großzügig heldenhaft

Ce changement	**surprend** **effraie** un peu **étonne** **embarrasse** **déconcerte** **désoriente** **épate**	ses amis.	überrascht erschreckt erstaunt bringt in Verlegenheit verwirrt verwirrt verblüfft
	rend ses amis **muets**.		macht sprachlos

Auguste veut gagner Eugénie avec une stratégie	**astucieuse**. **rusée**. **pleine d'imagination**.	listig klug einfallsreich

Il n'**hésite** pas à			zögert zu
	tirer profit de **profiter de**	son ami **fidèle** Victor.	ausnutzen ausnutzen; treu
Il ne le **remercie** pas.			bedankt sich
Il ne lui **témoigne** pas sa	**gratitude**. **reconnaissance**.		beweist seine Dankbarkeit beweist seine Dankbarkeit

Comme il veut	**bien se comporter**, **bien s'entendre**, **être poli**,		sich gut benehmen gut auskommen höflich sein
		il **commet des erreurs**. il fait des **bêtises**.	begeht Fehler Dummheiten

Il l'**importune** beaucoup en étant	**maladroit**. **innocent**. **naïf**. **puéril**.	belästigt; ungeschickt unschuldig naiv, einfältig kindisch

À la fin, il devient	**peu sympathique**.	unsympathisch
	agaçant.	lästig

Le rejet d'Eugénie **cause du chagrin à** Auguste.   bereitet Kummer

Il	la traite de personne **cruelle**.		grausam
	l'accuse	d'être	**ingrate**.	undankbar

Il la traite de personne **cruelle**.   grausam

l'accuse d'être **ingrate**.   undankbar
égoïste.   egoistisch, selbstsüchtig
infidèle.   treulos
traître.   verräterisch
rancunière.   nachtragend

d'avoir **trahi** son **amitié**.   verraten; Freundschaft
sa **fidélité**.   Treue

Quand Eugénie le rejette, il va voir un philosophe **sage**.   weise
estimé.   geschätzt

En parlant avec lui, Auguste se montre **nerveux**.   nervös
impatient.   ungeduldig
s'impatiente.   wird ungeduldig
s'excite.   regt sich auf
s'énerve.   regt sich auf

Il rentre à la maison dans un état **apathique** et meurt d'une mort   teilnahmslos
mystérieuse.   geheimnisvoll

8.5 Les perspectives et les techniques de narration

Le texte est raconté dans la **perspective** d'un personnage secondaire.   (Erzähl-)Perspektive
du **point de vue**   (Erzähl-)Perspektive
sous la forme d'une **rétrospective**.   Rückblick

L'auteur **raconte** les   erzählt
fait le récit des   erzählt
relate les   erzählt
événements **dans l'ordre chronologique**.   in zeitlicher Reihenfolge

Le **narrateur** parle en utilisant la première personne du singulier.   Erzähler
La **narratrice**   Erzählerin

Il **utilise** ce mot   wendet an, benutzt
pour **éveiller la curiosité** du lecteur.   die Neugier wecken
pour que le lecteur **s'identifie** *(subj)* au narrateur.   sich identifiziert

Le narrateur est **omniscient**.   allwissend

Le **narrateur-personnage** parle de ses expériences.			Ich-Erzähler

Il y a un **changement de perspective** dans le second chapitre.　　　Perspektivenwechsel

Le narrateur	**résume** les événements.	fasst zusammen
	se montre **impartial**.	unparteiisch
	(n') **intervient** (pas) directement.	greift ein

Il	**présente** **expose**	les discours	**au style**	**direct**.	stellt dar stellt dar; direkte Rede
				indirect.	indirekte Rede
			sous forme d'un **monologue intérieur**.		innerer Monolog

8.6 L'action

Le **déroulement de l'action** pourrait se résumer ainsi :　　　Handlungsverlauf

L'action se déroule en trois	**étapes**.	Etappen
	phases.	Phasen
	parties.	Teile

Le roman	**se compose de**	douze chapitres.	besteht aus
	est divisé en	deux parties.	ist unterteilt in

Une **action principale** et d'autres **actions secondaires**…　　　Haupthandlung; Nebenhandlung
… **constituent la trame** de cette comédie.　　　bilden den Gesamtzusammen-
　　　hang der Handlung

Il ne faut pas **perdre le fil conducteur** de l'histoire.　　　den roten Faden verlieren

Au début, **Au commencement,**				am Anfang am Beginn
	son comportement	**oscille** entre le cynisme et le désespoir.		schwankt
		change		verändert sich
		selon	l'interlocuteur.	je nach
			la situation.	

Tout au long **Au cours**				hindurch im Verlauf
	de la tragédie, du roman,	un conflit **se développe** entre les personnages.		entwickelt sich
		Jean	**devient** le	wird zu
			se transforme en héros.	verändert sich in

L'auteur	**intercale un épisode**			schiebt eine Episode, Nebenhandlung ein
		burlesque.		burlesk, spaßhaft
		humoristique.		humorvoll, komisch
	mélange le tragique avec le comique.			mischt das Tragische mit dem Komischen

Des changements	**inespérés**			unerwartet
	inattendus			unerwartet
	importants	dans les relations		wichtig
			se produisent.	treten ein
			se sont effectués.	haben sich vollzogen

L'action **trouve** son **point culminant** dans le second chapitre.   erreicht; Höhepunkt

Cet événement marque un **tournant** tragique dans le dernier acte.   Wendepunkt

À la fin,	le **suspense**		am Ende; Spannung
Dans la dernière scène,	la **tension**		Spannung
		augmente.	wächst, nimmt zu
		diminue.	lässt nach, nimmt ab
	l'intrigue se dénoue.		der Knoten der Handlung löst sich
	le héros **trouve la solution de l'énigme.**		findet die Lösung des Rätsels

Le suicide du personnage principal **marque** le point culminant de l'histoire.   deckt sich mit

Plusieurs conflits **restent**	**en suspens.**	bleiben ungelöst
	non résolus.	ungelöst

L'histoire	**se termine**	par un désastre.	endet
		tragiquement.	tragisch
	prend un **tournant**		Drehpunkt
		captivant.	spannend
		plein de suspense.	spannend
		heureux.	glücklich
		fatal.	verhängnisvoll
		surprenant.	überraschend

8.7 Les descriptions

L'auteur fait une **description**			Beschreibung
	détaillée	du protagoniste.	ausführlich
	générale	de la situation.	allgemein
	globale	de l'époque.	allgemein
	émouvante	du contexte culturel.	bewegend
	réaliste		realistisch
	satirique		satirisch
	caricaturale		karikierend

L'auteur décrit les **indications scéniques**	d'une manière très détaillée.	Bühnenanweisungen
	dans les grandes lignes.	in groben Zügen

Sa description **crée une ambiance**				schafft eine Atmosphäre
		de suspense.		spannungsvoll
		mystérieuse.		geheimnisvoll

L'**atmosphère**				Atmosphäre
	est	**chargée**	**de**	ist geladen mit
		pleine		
			passion.	Leidenschaft
			violence.	Gewalt

8.8 La représentation d'une œuvre théâtrale

Le **metteur en scène met en scène** une œuvre théâtrale.			Regisseur inszeniert

L'**acteur**			Schauspieler
L'**actrice**			Schauspielerin
	répète		probt
	joue	**le rôle** de…	spielt die Rolle

Le **rideau**	**se lève**.	der Vorhang hebt sich
	tombe.	fällt

La première actrice	**se met dans la peau** d'	Antigone.	füllt… mit Leben
	incarne le rôle d'		verkörpert

Les **spectateurs** sont		Zuschauer
Le public est	debout pendant la **représentation**.	Vorstellung, Aufführung

	les **figurants entrent en scène**.	Statisten; treten auf
Au second acte,	il y a un changement de **décor**.	Bühnenbild
	la salle se transforme en **scène**.	Bühne(nraum)

La **mise en scène**	s'est révélée excellente.		Inszenierung
La représentation	est un grand **succès** pour	la **troupe**.	Erfolg; Schauspieltruppe
		le **dramaturge**.	Dramatiker, Bühnendichter

9 | Commenter la poésie et les chansons

9.1 La classification

Nous commentons	un **vers**		Vers
	une **strophe**	d'un **poème**.	Strophe; Gedicht
		d'une **poésie**.	Gedicht
		d'une **ballade**.	Ballade
		d'une **romance**.	Romanze
		d'un **sonnet**.	Sonett
	un **couplet**	d'une **chanson folklorique**.	Strophe; Volkslied
		d'une **chanson populaire**.	Schlager
		d'une **chanson de Noël**.	Weihnachtslied

9.2 Le poète et le moi lyrique

Le **poète**			Dichter
La **poétesse**			Dichterin
	a composé un poème **dédié à**…		gewidmet
Le **moi lyrique**	s'adresse à une dame.		das lyrische Ich
	se parle à lui-même.		mit sich selbst reden
	exprime	**ses sentiments**.	drückt seine Gefühle aus
		ses états psychiques.	seelische Verfassung
	parle **d'une manière très individuelle**.		auf sehr individuelle Art
Dans ce poème,	les idées de ce siècle **se manifestent clairement**.		werden deutlich
	l'auteur joue avec des **niveaux de réalité**.		Wirklichkeitsebenen
La chanson	**reflète**	les sentiments du peuple.	spiegelt wider
Le poème	**est un reflet de**	la situation sociale de l'époque.	ist ein Spiegelbild von

9.3 Les différentes structures

Le poème	se compose de	… vers.	besteht aus
	compte	… strophes.	zählt
	peut se diviser en	… parties.	kann unterteilt werden in

La chanson **comprend** un **refrain** et trois **couplets**. — enthält; Refrain; Strophe

Les deux premiers vers **se différencient du** reste de la composition. — klingen anders als

Un sonnet se compose de deux **quatrains** et de deux **tercets**. — Quartette, Terzette

Dans ce poème, deux **voix** parlent : le moi lyrique et son amant. — Stimmen

La **structure** de ce poème est		Struktur
	antithétique.	antithetisch *(aus Gegensätzen bestehend)*
	cyclique.	zyklisch *(zum Ausgangspunkt zurückkehrend)*
	complexe.	komplex *(aus zahlreichen Einzlelementen bestehend)*
	simple.	einfach, schlicht

Le poème contient des éléments **narratifs**. — erzählerisch

Le poète passe **du général au particulier**. — vom Allgemeinen zum Besonderen

Le second tercet du sonnet contient une **synthèse**. — Synthese, Ergebnis, Zusammenfassung

| Dans les deux derniers vers, le poète | **résume** | tout le poème. | fasst zusammen |
| | fait la **synthèse** de | | Synthese |

9.4 La langue

Le poète	**varie** le rythme.	variiert, verändert
La poétesse	utilise une **langue**	Sprache
	mélodique.	melodisch
	monotone.	monoton
	rythmique.	rhythmisch
	variée.	abwechslungsreich

Le **mètre**		Versmaß
Le **rythme**		Rhythmus
L'**emploi** de voyelles		Gebrauch
	varie selon les variations du contenu.	schwankt

Le rythme est	plein de **variations.**	Variationen, Veränderungen
	très **régulier.**	regelmäßig
	irrégulier.	unregelmäßig

Les mots **riment**. — reimen sich

La composition lyrique a des **rimes**	**alternées.**	Wechselreim
	embrassées.	Kreuzreim
	plates.	Paarreim

| Le poète se sert de mots **accentués sur** | **la dernière syllabe.** | endbetont |
| | **l'avant-dernière syllabe.** | auf der vorletzten Silbe betont |

Il s'agit d'un vers	**de plus de 10 syllabes.**	mehr als 10 Silben (besonders 12)
	de moins de 8 syllabes.	weniger als 8 Silben
	de moins de 5 syllabes.	weniger als 5 Silben
	sans rimes.	ungereimt
	non rimé.	ungereimt
	libre.	frei

9.5 La sonorité

Dans ce vers,	les **voyelles**			Vokale
		claires		hell
		obscures		dunkel
	les **consonnes**			Konsonanten
		sonores		stimmhaft
		sourdes		stimmlos
			prédominent.	herrschen vor

Le vers **impressionne** le lecteur par sa		beeindruckt
	musicalité.	Musikalität
	suavité.	Sanftheit
	sonorité.	Klangfülle

| Le vers se caractérise par | l'**assonance.** | Assonanz *(Vokalreim)* |
| | des **allitérations.** | Alliterationen *(Wiederholungen des Anfangskonsonanten)* |

| La poète répète cette consonne pour | **amplifier** | ce vers. | Kraft verleihen |
| | **accentuer** | | betonen |

L'utilisation d'	une **répétition**		Wiederholung
	une **alternance**		Abwechslung
		de sons est la base d'une langue poétique.	Laute

| Pour démontrer la **beauté** de ces vers, je dois les | **réciter.** | Schönheit |
| | **lire à haute voix.** | laut lesen |

| Le poète **récite** ses propres compositions. | | rezitieren |

| La **récitation** fut | d'une grande beauté lyrique. | Rezitation, mündlicher Vortrag |
| | **impressionnante.** | eindrucksvoll |

10 | Analyser la langue d'un texte

10.1 Les manières d'écrire

Dans cette œuvre, l'auteur utilise un style	**soutenu.**	gehoben
	littéraire.	literarisch
	familier.	umgangssprachlich
	vulgaire.	vulgär

Le style des textes littéraires peut être	**vivant.**	lebendig
	impressionnant.	eindrucksvoll
	poétique.	poetisch, dichterisch
	symbolique.	symbolisch

Le langage	**émotionnel**		gefühlsbetont
	passionné	des romans à l'eau de rose ne plaisent pas à tous les lecteurs.	leidenschaftlich
	affecté		gekünstelt

Le langage des politiciens est souvent	**vague.**	ungenau
	imprécis.	ungenau
	rhétorique.	rhetorisch
Les politiciens parlent souvent	**sur un ton guindé.**	gestelzt
	sur un ton déclamatoire.	deklaratorisch

	simple.	schlicht
	compliqué.	kompliziert
Dans ces textes scientifiques, l'auteur utilise fréquemment un langage	**exact.**	genau
	précis.	genau

L'auteur	**emploie**	des phrases	courtes.	verwendet, benutzt
Le politicien	utilise	des **expressions**	longues.	Ausdrücke
La commentatrice	se sert de tournures		**incomplètes.**	unvollständig, unvollendet
Le commentateur	**choisit** des tournures			wählt

Le chroniqueur	**utilise**	des expressions	longues.	benutzt
L'auteur	emploie	des phrases	**vulgaires.**	vulgär
L'écrivain				

Il se sert de phrases	**riches en** adjectifs.		reich an
	avec de nombreux	**moyens stylistiques.**	Stilmitteln
	dépourvues de		ohne

10.2 Les moyens stylistiques

	la **comparaison**.	Vergleich
	l'**euphémisme**.	Euphemismus *(beschönigende Formulierung)*
	l'**hyperbole**.	Hyperbel *(Übertreibung)*
	l'**image**.	Bild
Le poète se sert de moyens stylistiques comme	la **métaphore**.	Metapher *(Gebrauch eines Begriffs aus einer anderen Vorstellungsbereich)*
	la **métonymie**.	Metonymie *(Gebrauch eines Begriffs für einen verwandten)*
	la **périphrase**.	Periphrase *(Umschreibung)*
	la **tautologie**.	Tautologie *(Wiedergabe eines Begriffs durch mehrere Wörter der gleichen Wortart)*

L'écrivain utilise	une **antithèse**.	Antithese
	une **énumération**.	Aufzählung
	une **question réthorique**.	rhetorische Frage
	des **symboles**.	Symbole
	des **pléonasmes**.	Pleonasmen *(überflüsser Zusatz zu einem Wort)*

Les images sont	**extraordinaires**.	außergewöhnlich
	inhabituelles.	ungewöhnlich
	surprenantes.	überraschend

L'écrivain veut	**accentuer**	ses idées.	betonen
	donner plus de poids à	sa thèse.	Nachdruck legen auf
	insister sur	la situation.	betonen
	souligner		unterstreichen
	illustrer		veranschaulichen

L'écrivain	**fait allusion au** passé.	spielt auf … an
	compare le présent **avec** le futur.	vergleicht mit

Les **exclamations**			Ausrufe
Les **interruptions**			Unterbrechungen
	font penser aux		lassen denken an
	évoquent les	fortes émotions.	rufen wach
	réflètent les		spiegeln wider

Le **dramaturge**				Autor eines Theaterstücks
	utilise	**systématiquement** **constamment**	des conjonctions.	wiederholt ständig ständig, immer wieder
		une langue **riche en clichés**.		voll von Klischees
		des expressions **emphatiques** variées.		emphatisch *(betonend)*

Il s'agit d'un **proverbe** français.   Sprichwort

L'auteur utilise … pour	**susciter** **éveiller**	**l'intérêt** du lecteur **pour** son œuvre.		Interesse wecken für
	intéresser le lecteur **à** son œuvre.			interessieren für

L'auteur	**décrit** **explique** **illustre**	la situation économique. la politique actuelle. les causes de l'injustice.	beschreibt erklärt veranschaulicht legt dar
	explique son opinion sur **attire l'attention** du lecteur **sur**		macht aufmerksam auf

Il est évident Il est clair	qu'	il **plaide pour** il **prend partie pour**	une discussion sans préjudice. une position modérée.	es ist offensichtlich tritt ein für, plädiert für ist für
		il **défend** il **justifie**	l'idée la thèse	de la liberté d'opinion.
				verteidigt rechtfertigt

Il	cherche à **tente de** (n') **arrive** (pas) **à** (ne) **réussit** (pas) **à**	**convaincre** le lecteur	de ses idées. avec des arguments.	überzeugen versucht gelingt es ihm schafft es

Dans son article, il	**appelle** le lecteur à lutter contre l'injustice.		appelliert
	incite **invite**	le lecteur à réagir.	fordert auf ermahnt

Dans toute son œuvre, il	**solidarise avec** les marginaux. **est le porte-parole** des enfants.	solidarisiert sich mit macht er sich zum (Für)Sprecher

Il	**attaque** **condamne** **critique** **refuse** **rejette**	le terrorisme. l'idée d'imposer des idées politiques avec violence. l'article 5 de la loi.	greift an verurteilt kritisiert lehnt ab lehnt ab

L'unique intention de l'auteur est	de **divertir** de **distraire** d'**informer**	le public.	unterhalten zerstreuen informieren

12 | Résumer quelque chose

12.1 Résumer une discussion en classe

Aujourd'hui, nous	**avons parlé de** **avons discuté de**	la relation entre les personnages.	sprachen wir über diskutierten wir über

Quant aux **En ce qui concerne** les **Concernant** les		was … angeht was … angeht bezüglich
	sources, on peut dire la **chose suivante :**	Quellen; Folgendes

En	**premier** **second** **troisième**	**lieu,**	elles **reflètent** l'opinion de l'auteur. elles donnent des descriptions **contradictoires** du sujet. elles **embellissent** les faits avec des détails **inventés**.	erstens; spiegeln wider zweitens; widersprüchlich drittens; schmücken aus; erfunden

En peu de mots, **En résumé,** **En somme,**	les textes historiques sont relatifs. il est difficile de dire si la vérité historique existe. la légende fait partie de l'histoire.	kurz, zusammenfassend gesagt zusammenfassend gesagt zusammenfassend gesagt

12.2 Écrire le résumé d'un texte

Le texte	**extrait** d'un journal **intitulé « … »**	traite de...	entnommen aus; mit dem Titel, betitelt
	qui **porte le titre « … »**		den Titel trägt
	écrit par… en…		geschrieben von … im Jahre …

Dans ce texte, l'auteur	**aborde** le sujet de...		schneidet an
	défend	la thèse selon laquelle...	verteidigt
	expose		legt dar

Il **commence par analyser**			beginnt damit zu analysieren
D'abord,	il analyse	la situation.	zuerst
En premier lieu,	il **explique**		erläutert, klärt
Au début,			zu Beginn, zu Anfang

Il **continue en donnant**				er fährt fort, indem er gibt
Puis,	il donne	des exemples qui	**confirment**	dann; bekräftigen
Ensuite,			**soutiennent** son analyse.	danach; stützen, untermauern

Il **termine en expliquant** les conséquences. — zuletzt erklärt er, er endet damit...

À la fin, il explique la thèse exposée dans son dernier article. — am Ende

Il **finit par**	**modifier**	les opinions communes sur ce sujet.	zuletzt; (ab-, ver)ändert
	rectifier		berichtigen, richtigstellen

Le texte **se termine par** une anecdote qui montre combien la situation est compliquée.   endet mit

---

Siehe auch *analyser un article*, S. 29 und *déterminer l'intention de l'auteur*, S. 46.

13 | Décrire des images

13.1 Le type d'image

Il s'agit d'	un **tableau**		Gemälde
C'est	une **toile**	de Renoir.	Gemälde
Nous voyons	une **esquisse**	de Picasso.	Skizze
	un **dessin**		Zeichnung
	une **illustration**.		Illustration
	une **image** de…		Bild
	une **photo qui fait la une**.		Titel-, Umschlagbild
	une **photo** du Président.		Foto
	une **affiche** d'un groupe de rock.		Plakat
	une **caricature** d'un comédien.		Karikatur
	un extrait d'une **bande dessinée** de Goscinny.		Comic
	une **B.D.** de Hergé.		Comic
	un **plan** de Lyon.		(Stadt)Plan
	un **plan de métro**.		U-Bahn-Plan
	une **carte** de la région de Strasbourg.		Karte
	une **gravure** de Rodin.		Stich, Radierung
	une **tapisserie** des Gobelins.		Wandteppich

13.2 La composition

| **Au premier plan,** | il y a plusieurs personnes. | im Vordergrund |
| **À l'arrière-plan,** | nous voyons d'énormes bâtiments. | im Hintergrund |

Des animaux	apparaissent surgissent	**dans le fond.**	im Hintergrund
		au centre (de…).	in der Mitte (von)
		au milieu (de…).	zwischendrin (mitten in)
		complètement à gauche (de…).	ganz links, links außen (von)
		complètement à droite (de…).	ganz rechts, rechts außen (von)

À côté des	personnes,	il y a			neben
À proximité des					in der Nähe von
Devant les		nous pouvons	distinguer	des maisons.	vor
En face des			voir		gegenüber von
Derrière les			remarquer		hinter
À la droite/gauche de					rechts/links von

Au dessus des maisons, le ciel était chargé de nuages. — über

En dessous du balcon, il y a une terasse avec des boissons **sur** une table. — unter; auf

13.3 Les personnages et les objets

Sur la photo, nous observons	deux **groupes de personnes**.		Personengruppen
	différentes **silhouettes** humaines.		Silhouetten
	des **objets** de	**format** différent.	Gegenstände; Format
		taille différente.	Größe
		grande **dimension**.	Ausmaß

Deux hommes **apparaissent**.		erscheinen, sind zu sehen
Parmi les personnages, deux hommes	**sont mis en évidence**.	heben sich ab
	attirent le regard.	Aufsehen erregen

L'homme au centre **est entouré d'**un groupe de femmes.	ist umgeben von

Dans le sens	**des aiguilles d'une montre**, nous voyons …	im Uhrzeigersinn
Dans le sens inverse		gegen den Uhrzeigersinn

	aspect physique		Aussehen
Leur	**physionomie**	est agréable.	Aussehen
	apparence		Erscheinungsbild

L'**expression de son visage** montre	la désespération.	Gesichtsausdrücke
Les **traits de son visage** montrent	de l'anxiété.	Gesichtszüge

La **position de son corps** est décontractée.	(Körper)Haltung

Ses **gestes** montrent qu'il est en colère.	Gesten

Son énervement nous **saute aux yeux**.	springt ins Auge

13.4 Le cadre

	a lieu		findet statt
La scène	**se passe**	dans une rue, en hiver, de nuit.	findet statt
	se déroule		findet statt

La photo **montre**				zeigt
Sur la photo, nous pouvons	voir	la **cathédrale** de	Strasbourg.	Kathedrale
	apercevoir	un **bâtiment** à		Gebäude
		un **édifice** à		Gebäude
		le **palais** des Tuileries.		Palast
		la **scène** d'un film.		Szene
		un **paysage** de Provence.		Landschaft
		un **village** normand.		Dorf
		le **détail** d'un monument.		Detail

13.5 Analyser une image

| La scène est | caractéristique | de ce peintre. | charakteristisch |
| | typique | | typisch |

| Ce cadre | exprime | comment le peintre voit la réalité. | drückt aus, wie |
| | montre | qu'il existe une relation entre le peintre et Picasso. | zeigt, dass |

Cette photo	est une expression vivante de		lebendiger Ausdruck
	représente	la vie dans un village.	stellt dar
	symbolise les douleurs du peuple juif.		symbolisiert

13.6 Analyser des bandes dessinées

La	succession	d'images forme une histoire.	Bilderfolge
	séquence		Bilderfolge
	série		Folge, Serie

| Sans devoir lire les bulles, | | ohne zu lesen; Sprechblasen |
| Si nous regardons les dessins, | on comprend la bande dessinée. | beim Anschauen; Comicgeschichte |

Sur la	première	image,	il y a trois personnages.	(Einzel)Bild
	seconde		on peut voir qu'il pleut.	kann man sehen
	troisième		on voit comment les personnages agissent.	sehen wir wie

13.7 Décrire des plans et des cartes

Le village	se trouve est est situé			befindet sich ist
		dans le nord	du continent.	liegt; im Norden
		dans le sud	du pays.	im Süden
		dans l'est	de la région.	im Osten
		dans l'ouest		im Westen
		dans le centre		im Zentrum, in der Mitte
		dans l'intérieur du pays.		im Landesinneren
		au nord	de cette ville.	nördlich
		au sud	du fleuve.	südlich
		à l'est	de la côte.	östlich
		à	des montagnes.	westlich
		l'ouest	de la frontière.	in der Nähe
		près		fern
		loin		
		aux bords de la ville.		am Rande
		entre Nantes et Brest.		zwischen
		sur la côte.		an der Küste

Entre Strasbourg **et** Lille, **il y a … km (de distance)**.   sind… voneinander entfernt

Rennes **est à … km (de distance) de** Brest.   ist… km… von… entfernt

14 | Travailler avec des moyens audiovisuels

14.1 La classification

Il s'agit	de l'**enregistrement** d'une chanson.		Aufnahme
	d'un **exercice de compréhension orale**.		Hörverstehensübung
	des **informations** du 18 juin.		Nachrichten

C'est une scène extraite d'un **spot publicitaire**.   Werbespot

Nous allons	écouter une chanson enregistrée sur	un **CD** (**disque compact**).	CD
		une **cassette**.	Kassette
	voir	la **séquence** │ d'un film	Sequenz
		l'**extrait**	Ausschnitt
		un **long métrage** sur la vie des jeunes.	Spielfilm
		un **court métrage**	Kurzfilm
		un **documentaire**	Dokumentarfilm
		un **épisode** │ de la **série** « … ».	Folge; Fernsehserie
		du **feuilleton** « … ».	Fernsehserie
		une **interview** avec un joueur de football.	Interview
		une **vidéo** d'une chanteuse belge.	Video(clip)

Nous voyons actuellement le **générique** d'un film.   Vor-, Abspann

Nous allons lire un passage intéressant du **scénario**.   Drehbuch

Il s'agit d'un film	en **version originale sous-titrée**.	Originalfassung mit Untertiteln
	sous-titré.	untertitelt
	doublé.	synchronisiert

Beaucoup de films perdent en qualité avec le **doublage**.   Synchronisation

14.2 Les instructions

Notez bien les éléments-clés.   machen Sie sich Angaben von den entscheidenden Elementen

Prenez des notes.   machen Sie sich Notizen

Faites bien attention	à l'**accent**	de cette personne.	achten Sie auf; Akzent
	à la **prononciation**		Aussprache
	aux **gestes**		Gesten
	à la **mimique**		Mimik

14.3 Analyser un film

La scène **se déroule** dans une rue de Nantes.	spielt
Dans cette **prise de vue**, on voit un jeune garçon en train de jouer dans la rue.	Aufnahme
Depardieu **interprète** le **rôle principal** d'Obélix.	spielt die Hauptrolle
L'autre acteur **joue** un **rôle secondaire**.	spielt eine Nebenrolle

Le caméraman	**se rapproche** des personnages.	nähert sich
	s'éloigne du sujet principal.	entfernt sich

L'acteur **suit** les instructions du **metteur en scène**.	folgt; Regisseur
L'acteur fait des **mouvements circulaires** avec sa main.	kreisförmige Bewegung

La lumière	**met en évidence**	les personnages importants.	hebt hervor
	fait ressortir		hebt hervor

Les prises de vue **dirigent** notre attention sur des détails.	lenkt ... auf
La musique crée une **ambiance mystérieuse**.	geheimnisvolle Atmosphäre

Les **jeux de lumière**	**produisent**	une **tension**.	Lichteffekte; Spannung
Les **bruits**			Geräusche
L'**éclairage** produit			Beleuchtung

Les techniciens créent les **effets spéciaux**.	Spezialeffekte
Les **angles de prises de vue** sont très importants.	Kamerawinkel
Le **cadrage** est différent selon les pays.	Kameraeinstellung
La **caméra subjective** est la scène comme la voit l'acteur lui-même.	subjektive Kameraeinstellung

Le personnage est **cadré**	**d'en bas**.	von unten aufgenommen
	d'en haut.	von oben aufgenommen

La prise de vue d'en haut est la **plongée**.	Untersicht, Aufnahme von oben
La prise de vue d'en bas est la **contre-plongée**.	Aufsicht, Aufnahme von unten
L'**angle de la prise de vue** est **normal** si la caméra est placée à la hauteur de l'œil du **cadreur**.	Normalsicht Kameramann

Nous voyons le héros	en **contre-plongée**.		aus der Froschperspektive
	en **plongée**.		aus der Vogelperspektive

C'est pourquoi, le personnage paraît **supérieur** / **inférieur** à son ami.

überlegen	
unterlegen	

Le **plan d'ensemble** montre une scène complète avec son **décor**.   Totale; Bühnenbild
Le **plan américain** montre le corps de la personne jusqu'aux genoux.   amerikanische Einstellung

Le **plan rapproché** montre le visage et le haut du corps.   Nahaufnahme
Le **gros plan** montre une partie détaillée de la tête.   Großaufnahme
donne une **impression** importante.   macht ... Eindruck

Il s'agit d'une **retrospective**.   Rückblick
anticipation.   Vorwegnahme

14.4 Analyser des dialogues

Trois personnes **participent** à la **conversation**.   nehmen teil; Unterhaltung, Gespräch

Le film contient seulement un **dialogue** entre deux femmes.   Dialog, Zwiegespräch

Le maire **est interviewé** par un journaliste.   wird interviewt
accorde une interview au journaliste.   gibt ein Interview

Le journaliste organise une **entrevue** avec un homme politique.   Unterredung

On entend bien / mal le **locuteur**.   Sprecher
la **locutrice**.   Sprecherin

Puis-je **monter le son**, s'il vous plaît ?   lauter stellen

L'**interlocuteur**	parle	franchement.	Gesprächsteilnehmer
L'**interlocutrice**		très rapidement.	Gesprächsteilnehmerin
L'acteur		**clairement**.	deutlich
L'actrice		**calmement**.	ruhig
		a un **accent très marqué**.	ausgeprägten Akzent

Le locuteur **s'adresse** directement	à l'**assemblée**.	richtet sich an; Versammlung
	aux **auditeurs**.	Radiohörer
	aux **auditrices**.	Radiohörerinnen
	au **public**.	Fernsehpublikum
	aux **téléspectateurs**.	Fernsehzuschauer
	aux **téléspectatrices**.	Fernsehzuschauerinnen

14.5 L'aspect physique, les mimiques et les gestes d'une personne

La jeune fille	**a l'air sympathique**.	wirkt sympathisch
Le jeune homme	**a mauvaise mine**.	sieht schlecht aus
	fait jeune.	sieht jung aus

Beaucoup de gens s'attachent seulement au **physique** d'une actrice.	Aussehen

Ses sentiments **se reflètent** sur son **visage**.	spiegeln sich wider; Gesicht

Sa mimique nous **fait comprendre** ses émotions.	drückt aus

	hoche la tête pour dire oui.	nickt (mit dem Kopf)
	secoue la tête pour dire non.	schüttelt den Kopf
	sourit.	lächelt
L'acteur	**sourit ironiquement**.	grinst
	plisse le front.	runzelt die Stirn
	fait un visage triste.	macht ein trauriges Gesicht
	a l'air gai.	sieht fröhlich aus

Ses **gestes** sont très **expressifs**.	Gesten; ausdrucksvoll
Ses **mimiques** sont **révélatrices**.	Mimik; verräterisch

Afin d'exprimer plus clairement ce qu'il pense,	il **parle avec les mains**.	spricht mit den Händen
	il **gesticule beaucoup**.	gestikuliert viel

La **position de son corps**	révèle ses émotions.	Körperhaltung
Son **allure**	est bizarre.	Aussehen
Son **attitude**		Haltung
Sa **démarche**		Gang
Sa **conduite**		Auftreten, Verhalten
Son **comportement**		Verhalten, Benehmen

15 | Écrire des lettres

15.1 Lettres personnelles

Dijon, le 22 septembre 2011	la **date**	Datum
	l'**appellation**	Anrede
Cher Thierry, chère Anne,		lieber, liebe
Salut,		hallo
Je reviens demain de vacances.	le **contenu de la lettre**	Briefinhalt
Est-ce qu'on peut se voir ?		
Grosses bises,	la **formule de politesse**	Grußformel
Je vous embrasse,		viele, liebe Grüße
À bientôt		bis bald
À plus,		
Sylvie		

15.2 Chercher un ami par correspondance

Anna Schulte	l'**adresse**	Adresse
Schillerstr. 51		
52062 Aachen		
Allemagne		
Revue « Stars »	le, la **destinataire**	Empfänger,
53, rue de la presse		Empfängerin
75012 Paris		
France		

Aachen, le 21 juin 2011

Mesdames, messieurs,   sehr geehrte Damen und Herren

Je suis une jeune allemande de 17 ans et j'apprends le
français au lycée. Pour **améliorer** mes connaissances en   verbessern
langues, je voudrais entrer en contact avec des jeunes   Sprache
gens français qui ont à peu près mon âge.
J'aime danser, nager et jouer de la guitare.   ich... gern

Pourriez-vous s'il vous plaît publier mon annonce dans
votre rubrique ?

Merci d'avance.   vielen Dank im Voraus

Veuillez agréer, Mesdames, Messieurs, mes plus sincères   mit freundlichen Grüßen
salutations.

Anna Schulte

15.3 Faire une réservation

```
Karlheinz Schulte
Schillerstr. 51
52062 Aachen
Allemagne
                        Hotel de la plage
                        25, avenue de la mer
                        13022 Cassis
                        France


                        Aachen, le 21 juin 2011

Mesdames, messieurs,

Je voudrais réserver un deux pièces pour 5 personnes du
2 au 9 juillet prochain. Nous voudrions une chambre avec
balcon et vue sur la mer.
Est-ce que nous pourrons aussi louer des planches à
voile ?

Dans l'attente de votre réponse, recevez, Mesdames,
messieurs, mes salutations distinguées.
```

Karlheinz Schulte

le **code postal**   Postfach

in Erwartung Ihrer Antwort;
mit freundlichen Grüßen

15.4 Passer une commande

```
Karlheinz Schulte
Schillerstr. 51
52062 Aachen
Allemagne
                        Librairie principale
                        13, boulevard du livre
                        59000 Lille
                        France


                        Aachen, le 21 juin 2011

Mesdames, messieurs,

Pourriez-vous s'il vous plaît m'envoyer,
contre remboursement, les histoires inédites du Petit
Nicolas, volume 1 ?

Je vous remercie d'avance.

Je vous présente mes respectueuses salutations.
```

Karlheinz Schulte

l'**expéditeur**   Absender
l'**expéditrice**   Absenderin

Buchhandlung

per Nachnahme

im Voraus herzlichen Da

mit freundlichen Grüßer

15.5 Demander des informations

Julia Meier
Humboldtstr. 12
44999 Dortmund
Allemagne

Échanges linguistiques
44, rue des Champs Élysées
75 000 Paris
France

Dortmund, le 14 avril 2011

Objet : Cours de français pour l'été 2012   Betreff

Madame, Monsieur,

Je suis une élève allemande de 15 ans et j'étudie le français
depuis presque une année.

C'est par l'intermédiaire de mon professeur de français que   erfahren, kennenlernen
j'ai **pris connaissance de** votre organisme et je suis intéréssée   Fremdsprachen
par vos cours de **langues étrangères**.

J'aimerais **m'inscrire** à des cours pour le mois de juin de   mich anmelden
l'année prochaine et si possible, dans la ville d'Angers.

Pourriez-vous m'envoyer des **informations** concernant ces cours ?   Informationsmaterial

Mon professeur m'a dit que vous êtes la personne chargée de
s'occuper des formalités nécessaires aux séjours à l'étranger.   sich kümmern um

Est-ce qu'il serait possible d'**être hébergée** dans une **famille**   beherbergt; Gastfamilie
d'accueil qui aurait une fille de mon âge ?

Je serais heureuse de recevoir rapidement une **réponse** de votre   Antwort
part

Veuillez agréer, Madame, Monsieur mes plus sincères   mit freundlichen Grüßen
salutations.

Julia Meier

15.6 Réclamations

```
Dieter Schmid
Karlstr. 12
44999 Dortmund
Allemagne

                        Librairie X
                        12, Quai de la Fosse
                        44 000 Nantes
                        France


                  Dortmund, le 11 juillet 2011
```

Madame, Monsieur,

J´ai acheté le 3 mai dernier le livre intitulé... de
l´auteur... qui a coûté 13 euros.

En vérifiant mon extrait de compte bancaire, j´ai
constaté que le livre a été **facturé** par erreur deux   berechnet
fois.

C´est pourquoi je vous prie de bien vouloir régler ce
problème le plus rapidement possible en procédant au
remboursement de ce montant, soit 13 euros, **par virement**   zurücküberweisen
sur mon compte bancaire.

Je vous envoie **ci-jointe** la copie de l´**avis de paiement**.   beiliegend; Quittung

Avec l´expression de ma considération distinguée.   hochachtungsvoll

Dieter Schmid

15.7 Demander un poste au pair

```
Martina Overrath
Kernerstr. 12
47001 Duisburg
Allemagne

                              Famille Desjardins
                              3, Avenue de la mer
                              27000 Brest
                              France


                         Duisburg, le 11 mai 2011

Objet : Demande d'un poste au pair

Chère famille Desjardins,

C'est dans le journal Ruhrruf que j'ai appris que vous
recherchez une jeune fille au pair.
```

Je suis une jeune fille de 18 ans. Pendant les sept derniers mois de cette année, j'ai **gardé** deux fois par semaine deux petites filles de 5 et 6 ans.	aufpassen
Je suis également habituée à aider dans les **tâches ménagères** à la maison.	Hausarbeiten, Haushalt
Je suis en terminale en train de préparer le bac. Mes **matières principales** sont les maths et la biologie. Depuis plus de 3 ans, j'étudie également la langue française. Je m'intéresse beaucoup à la France et j'aimerais découvrir la vie française en faisant de nouvelles **expériences**.	Hauptfächer Erfahrungen
Je ne connais pas encore la Bretagne, par contre je suis déjà allée plusieurs fois à Chamonix où j'ai passé les vacances d'été avec ma famille dans un **chalet**.	(Alm)Hütte
J'aurai fini de passer le bac au mois de juin. J'aimerais ensuite **passer** toute une année en France dans votre famille. Je peux venir **m'occuper de** vos petits garçons à partir du 15 août.	verbringen betreuen
J'aimerais recevoir votre réponse **le plus vite possible**.	möglichst schnell
À bientôt.	bis bald

Martina Overrath

16 | Bien s'exprimer et résoudre les problèmes de communication

(Voir également le chapitre 2.)

16.1 Indiquer un problème de compréhension

Pardon,	je n'ai pas compris.	Entschuldigung
Excusez-moi,	je ne **connais** pas ce mot.	Entschuldigen Sie mich; kenne
	est-ce-que vous pouvez **répéter** ?	wiederholen
	est-ce-que vous pouvez **épeler** ?	buchstabieren

Pardon,	je **ne te comprends pas**.	verstehe dich nicht
Excuse-moi,		entschuldige

Pouvez-vous écrire le mot au **tableau** ? — Tafel
Pouvez-vous m'**expliquer** ? — erklären
Quelle est l'intention de l'auteur en utilisant le mot **au sens figuré** ? — im übertragenen Sinn

16.2 Donner des explications

Je ne sais pas si tu m'as **bien** compris. — tatsächlich

Ce que je veux dire, c'est que je pense comme toi. — was ich meine, ist
Je m'explique : — was ich meine, ist

Je ne suis pas **ironique**, je suis **sérieux**. — ironisch; ernst

Je ne suis pas	**pour**	cette thèse.	für
	d'accord avec		einverstanden mit
Je suis **contre** ce projet.			gegen
Je **conteste** cette mesure politique.			bestreite

Je ne **me réfère** pas **au sens premier** de l'expression. — beziehe mich auf den ersten Sinn

16.3 Demander une information

Est-ce que la phrase est bien **correcte** ?	korrekt
Pourquoi cette phrase est **incorrecte** ?	falsch
Pourquoi je ne peux pas | **le dire comme ça ?**	so ausdrücken
| **m'exprimer ainsi ?**	so ausdrücken
Comment ce mot **se prononce**-t-il ?	wird ausgesprochen
Comment **s'écrit** ce mot ?	wird geschrieben
Comment **dit-on** en français le mot allemand « Stiefel » ?	sagt man
Que **signifie** le mot « débrouillard » en allemand ?	bedeutet
De quel verbe **vient** le mot « boisson » ?	stammt
Que **veut dire** l'auteur dans le premier paragraphe ?	worauf will … hinaus
Est-il vrai que… ?	trifft es zu

16.4 Nuancer des idées, des opinions

Ceci me paraît | **un peu étrange.**	etwas merkwürdig
| **peu convaincant.**	wenig überzeugend
Son point de vue est | **jusqu'à un certain point bien fondé.**	bis zu einem gewissen Grad berechtigt
| **compréhensible.**	verständlich
Sa thèse n'arrive pas à **me convaincre complètement.**	überzeugt mich nicht ganz
Son argument n'est **franchement** pas valable.	eindeutig
Pour dire la vérité,	offen gesagt
Pour être honnête, | je ne suis pas du même avis que vous.	ehrlich gesagt
Soit dit en passant,	nebenbei gesagt
Il est très possible que* l'auteur se soit trompé.	möglicherweise
Vraisemblablement, l'auteur s'est trompé.	wahrscheinlich

> Für die mit * gekennzeichneten Ausdrücke wird der *subjonctif* verwendet.

16.5 Argumenter et justifier des idées

Je **suis d'accord** avec	ta **déclaration**.	bin einverstanden; Aussage
	ce que tu as dit.	Aussage

Ce qui m'importe, c'est	de dire ce que je pense.	es ist mir wichtig
	de **partager** cette opinion.	teilen
	de **contester** cet état de chose.	ablehnen

À mon avis, l'auteur a	**incontestablement raison**.	hat hundertprozentig Recht
	toutes les raisons du monde de réagir ainsi.	alle gute Gründe

Il ne faut pas	l'**oublier**.	darf nicht vergessen
	le **sous-estimer**.	unterschätzen
	exagérer.	übertreiben

Ce qui se passe, c'est que je ne peux pas m'identifier au protagoniste.	die Sache ist die, dass

A	
ab und zu	9
abändern	48
aber	15, 25
abgesehen von	24
abhängen	18
sich abheben	50
ablehnen	46, 64
abnehmen	37
abonnieren	27
Absatz	19
zum Abschluss	26
Absender(in)	58
Absicht	32
Abspann	53
sich abspielen	31
Abwechslung	42
abwechslungsreich	41
achten auf	53
Adresse	57
ahnen	32
Akt	31
aktuell	30
Akzent	53, 55
akzeptieren	14
allgemein	38
das Allgemeine	41
Alliterationen	42
allmählich	21
allwissend	36
Alternative	12, 26
am 05. Mai	9
ambivalent	23
analysieren	28, 48
andererseits	25
sich ändern	21
ändern	17
(am) Anfang (von)	9, 19, 36
zu Anfang	48
anfangs	21
anführen	14, 29
sich Angaben machen von	53
angehen	47
angenehm	33
angreifen	46
ankommen auf	14
Anlass	22
sich anmelden	59
beim Anschauen	51
anschneiden	19, 29, 48
anspielen auf	19, 44
Antithese	44

antithetisch	41
Antonym	18
Antwort	59
anwenden	36
Anzeige	28
appellieren	46
Argument	14, 16
Argumentation	16
Art	40
Artikel	28
Assonanz	42
eine Atmosphäre schaffen	38
Atmosphäre	38, 54
auf	49
auffordern	46
Aufführung	38
aufgrund von	22
Auflage	27
aufmerksam machen auf	46
Aufmerksamkeit erregen	29
Aufnahme	53, 54
Aufnahme von oben / unten	54
sich aufregen	35
aufrichtig	33
aufschlussreich	19
Aufsehen erregen	50
Aufsicht	54
auftauchen	21
Auftreten	56
auftreten	38
Aufzählung	29, 44
ins Auge springen	50
Augenzeuge	30
Ausdruck	43, 51
ausdrücken (wie)	40, 51, 56, 63
ausdrucksvoll	56
ausführlich	29, 38
Ausgabe	27
gut auskommen	34
Ausmaß	50
ausnutzen	34
Ausrufe	44
Aussage	63
einander ausschließend	32
ausschmücken	47
Ausschnitt	53
aussehen	56
Aussehen	50, 56
außerdem	24
außergewöhnlich	44
äußern	30
Aussprache	53

aussprechen	63
ausverkauft	27
Auszug	31
Autor	14, 19, 45

B		
Ballade		40
beachten		31
sich bedanken		34
bedeuten		18, 63
(Teil-) Bedeutung		18
bedrückt		33
beeindrucken		35
beeindruckt		42
sich gegenseitig beeinflussen		32
beenden		17, 26
sich befassen mit		29
sich befinden		52
wahre Begebenheit		31
zu Beginn		48
Beginn		36
beginnen		22, 48
Begriff		18
begründen		12, 14, 26
behandeln		29
beherbergen		59
Beilage		28
Beispiel		26, 29
bekräftigen		48
bekümmert		33
belästigen		34
Beleuchtung		54
sich gut benehmen		34
Benehmen		32, 56
benutzen		12, 29, 36, 43
berechtigt		63
Kummer bereiten		35
berichtigen		48
berücksichtigen		14, 24
bescheiden		33
beschreiben		30, 46
Beschreibung		29, 38
das Besondere		41
das Beste		14
bestehen aus		26, 41
bestehen in		24
bestehen		23
bestreiten		62
betitelt		29, 48
betonen		42, 44
betont		42
betrachten		24
Betreff		59

73

nachdenken über	28	Perspektive	35	Rezension	28
nachdenklich	33	Perspektivenwechsel	36	rezenzieren	28
Nachdruck legen auf	44	pflegen zu	9	Rezitation	42
nachlassen	37	Phase	21	rezitieren	42
per Nachnahme	58	plädieren für	46	rhetorisch	43
Nachricht	28	Plakat	49	rhythmisch	41
die Nachrichten	53	Plan	50	Rhythmus	41
Nachrichtenagentur	27	Pleonasmen	44	richten	29
nachtragend	35	plötzlich	10	sich richten an	55
Nahaufnahme	55	poetisch	43	richtig	15
in der Nähe (von)	49, 52	politisch	31	richtigstellen	48
sich nähern	54	positiv	23	riskieren	34
naiv	34	Postfach	58	Rolle	38
nämlich	14	Präsentation	26	Roman	31
natürlich	15	Presse	27	Romanze	40
neben	49	proben	38	Rückblick	35, 55
nebenbei gesagt	63	Protestwelle	30	Ruhe	33
Nebenhandlung	36, 37	provokativ	29	ruhig	55
Nebenrolle	54	provozieren	30	**S**	
Nebenschauplatz	31	Publizist(in)	27	Sache	12, 16, 64
negativ	23	Quartette	41	Sage	31
Neologismus	18	Quelle	30, 47	sagen	16, 26, 63
nervös	35	**R**		sanft	33
nett	33	Radierung	49	Sanftheit	42
die Neugier wecken	36	Radiohörer(in)	55	satirisch	38
neulich	9	am Rande (von)	52	schaffen	46
(mit dem Kopf) nicken	56	Rätsel	37	Schauplatz	21
im Norden	52	realistisch	38	Schauspieler(in)	38
nördlich	52	(hundertprozentig) Recht	14, 15, 64	Schauspieltruppe	39
normalerweise	9	haben		scheinen	12
Normalsicht	54	rechtfertigt	46	Schema	26
nötig	13, 14	ganz rechts (von)	49	Schlager	40
sich Notizen machen	53	rechts außen (von)	49	Schlagzeile	28
Novelle	31	(Chef-) Redakteur(in)	27	schlecht	13, 56
O		direkte Rede	36	schlicht	41, 43
von oben aufgenommen	54	indirekte Rede	36	schließlich	11, 21, 25
objektiv	29	mit sich selbst reden	40	Schlussfolgerung	17, 25, 26
obwohl	25	Referat	26	Schönheit	42
offen gesagt	13, 63	Refrain	41	schreiben	63
offensichtlich	46	regelmäßig	27, 41	schwanken	36, 41
offiziell	30	Regenbogenpresse	27	zu sehen sein	50
oft	9	regional	27	sehen	12, 13, 14, 20, 51
ohne	43	Regisseur	38, 54	sein	52
Originalfassung	53	Reihe	23	sein für	46
Ort	31	in zeitlicher Reihenfolge	35	seit	22
im Osten	52	sich reimen	41	Seite	19, 24
östlich	52	rekonstruieren	21	selbstsüchtig	35
P		relativieren	23	selbstverständlich	15
Paarreim	42	Reportage	28	Sensationspresse	27
Palast	50	Reporter(in)	27	Sequenz	53
Periphrase	44	Resonanz	30	Serie	23, 51
Personengruppe	50	Rest	23	sicher sein	13, 15